www.tredition.de

AF216850

Euch allen,

mit denen ich in der einen oder anderen Art
der Liebe verbunden bin,

insbesondere aber Dir

Josef Hülkenberg

Frei zu lieben

Reflexionen, Impulse und Geschichten aus
dem Abseits des betreuten Denkens

www.tredition.de

© 2012, 2017 Josef Hülkenberg

Umschlaggestaltung, Illustration: Josef Hülkenberg
Titelbild: Vis á vis, Clarissa Zavalloni-Muntwyler
Verlag: tredition GmbH
978-3-7439-2737-7 (Paperback)
978-3-7439-2738-4 (Hardcover)
978-3-7439-2739-1 (e-Book)
Printed in Germany

Bibliografische Information der Deutschen Natio-
nalbibliothek:

Die Deutsche Nationalbibliothek verzeichnet
diese Publikation in der Deutschen Nationalbiblio-
grafie; detaillierte bibliografische Daten sind im
Internet über http://dnb.d-nb.de abrufbar

Inhaltsverzeichnis

Das Leben lieben – mit allen Sinnen..............9

Mehr als freie Liebe.......................9

Buch der Liebe......................11

Erfahrungen......................12

Mit allen Sinnen.....................13

Freiheit......................14

Wer liebt, hat Humor.....................15

Auf Augenhöhe?.....................16

Liebespaare......................17

Unverhofft und preiswert.....................18

Von Würmern und Vögeln....................19

Liebe macht kreativ.....................21

Du entscheidest......................22

Denklust......................23

Ausgebrütet......................**24**

Kleine Geschichten.....................25

Querdenker......................26

Mehr als Smalltalk.....................27

Unruhe......................28

Muss sein?......................29

Ungehörnt......................30

Vermessen......................33

Forscherglück......................34

Ikarus......................35

Tafelfreuden......................37

Annehmen und angenommen sein..............**38**

Kluger Rat......................38

Ja zur Eigenart?.....................39

Allein 40

Lächeln 41

Fraglich.. 42

Treu bleiben... 43

DU.. 44

Aufpassen 45

Nach-Denken zum Nach-Danken den Freunden 46

Keine Erwartungen.. 50

Denn Sie ist liebenswert.................................... 50

Nicht Irrweg, sondern Labyrinth! 55

Liebe, die lebensfördernde Energie................ 57

Umbrüche und Aufbrüche 58

Erinnerungen.. 58

Zeitenwende... 59

Leben erkennen.. 61

Leben vor dem Tod?... 62

Es darf... 63

Regeng(en)uss 64

Ein Adler erwacht... 65

Geburtstage.. 71

Dynamik des Lebensstroms 72

Die Liebe leben – mit Herz und Verstand ...74

Liebevoll... 74

Wahlfreiheit.. 75

Vielschichtig 76

Ein harter Weg 77

Unmögliche Typen? 78

Zorn 79

Herz und Verstand 80

Visionen brauchen Menschen 82

Stellung beziehen..83
Wettbewerb 85
Nicht nur siegen – gewinnen! 86
Solidarität...87
Würde-Filter 88
Im Tanz der Möglichkeiten und Bedingungen89
Vorzeichen umkehren..90
Lieben – nicht lieb sein......................................94
Hülkologien...97

Zum Autor **99**

Das Leben lieben – mit allen Sinnen

Mehr als freie Liebe

Wer zweimal mit derselben pennt... - in fröhlicher Promiskuität und anarchischer Zügellosigkeit sprengten die 68er die Verkrustungen eines verklemmten Nachkriegs-Spießertums. In neuem, oft drogengestützen Bewußtsein erklärten sie sich für rebellisch, ungebunden und vögelfrei.

Alt-68er schwelgen noch gern in nostalgischer Verklärung über diese Umbruchzeit. Doch viele erinnern sich auch, wie schwer es fiel, die „freie Liebe" von lustbetonter Trieberfüllung auszuweiten auf die Lebensfülle und Lebensfreude, die von der intimen personalen Beziehung über lebensfördernde Partnerschaft und Familie, sozial tragende Freundschaften bis in das Engagement für wahrhaft humane Gesellschaft reicht.

„Freie Liebe" sprengte gesellschaftliche Ketten, die Freiheit zur Liebe musste sich erst neu formen.

Angstfrei eigenem Gespür einer Liebe nachzugehen, diesem Gefühl Raum zu geben und in Respekt und Würde zu bezeugen. Solche Freiheit zur Liebe befähigt auch, entgegengebrachte Liebe wahrzunehmen, sich ihr zu öffnen.

So entsteht jene Energie, die die Erhabenheit und Würde des konkreten Menschen in dieser Welt praktisch manifestiert, ihr in der Gestaltung gesellschaftlicher Zustände und Strukturen Form gibt und so die Welt als Ganzes liebreizender und liebevoller werden lässt.

Buch der Liebe

Diese Erfahrung ist nicht repräsentativ untermauert oder gar wissenschaftlich belegt – dennoch finde ich sie bemerkenswert. Frage ich Menschen nach dem „Buch der Liebe", so wird auffallend häufig auf die Bibel verwiesen. Auch liegen Autoren wie Phil Bosmans oder Anselm Grün weit vor Erich Fromms Klassiker „Kunst des Liebens" oder dem Kamasutra.

Überhaupt werden Sexualratgeber dermaßen selten genannt, als habe gepflegte und gekonnte Sexualität nichts mit Liebe zu tun. In der Übernahme des antik-griechischen Dualismus von Leib und Geist hat die sexualfeindliche Sittenlehre der Kirchen die abendländische Vorstellung von Liebe nachhaltig geprägt. Als hätte Liebe unabhängig von ihrer Leben spendenden Funktion nicht auch tiefe, gute Wurzeln in der Lebens-Lust, dem intimen Außer-sich-sein bei gleichzeitigem Zwei-in-Eins-Sein. Allein zur Fortpflanzung hätten Schöpfer und Evolution auch andere Techniken grundlegen und entwickeln können – Tier- und Pflanzenwelt liefern dazu mannigfaltige Belege.

Noch immer wird dem antiken Dualismus folgend, dem Eros der Sex die körperliche Lust als minderwertige Form zugeordnet; dagegen die geistige, ästhetische Liebe zum Schönen als Hochform der Liebe zugerechnet.

Erfahrungen

Kein Gaukler, sondern närrischer Philosoph.
Ein Tänzer, kein Eintänzer.
Kein Peter Pan - aber lebenserfahrend jung bleibend.
Ein Puppenspieler voller Respekt - respektlos im Spiel.
Bittet lieber um Vergebung als um Erlaubnis.

Menschen, die ich liebe, müssen frei sein, sogar von mir.

Bei aller Lust und Sinnlichkeit bleiben wir frei, selbst in einer Entscheidung zueinander.

Anspruchsvoll: an das Leben, die Mitmenschen, vor allem an mich.

Kein Leben nach bürgerlichen Maßstäben!

Aber das Leben eines freien Geistes.

Mit allen Sinnen

Sinnvoll im Lebensziel –

Besonnen im Lebensweg –

Sinnenhaft in der Lebenskunst –

Sinnlich im Lebensvollzug.

Auch in den „besten Jahren" sollte Mann/Frau das Beste genießen.

Freiheit

An den exklusivsten

Geschäften entlang schlendern.

Phantasieren,

was man alles kaufen könnte.

Und es dabei belassen.

Wer liebt, hat Humor

Liebe schafft jene Lebensfreude im Herzen, die den alltäglichen Herausforderungen und Widrigkeiten aus optimistischem Blickwinkel „in die Quere kommt".

Wo ein Griesgram Perfektion verlangen würde, kann ein liebendes, lachendes Herz das Unfertige ertragen, weil es ja gestaltungsoffen ist.

Auf Augenhöhe?

Eine Frau auf Augenhöhe? Da muss ich wohl Kompromisse machen.

Lieber als 180 cm hummeldumm sind mir 165 cm blitzgescheit.

Liebespaare

Auch berühmte Liebespaare besuchte der Weihnachtsmann auf seinen Geschenkreisen.

Er genoss den Plausch mit Abraham und Sarah, hielt Klönschnack mit Kleopatra und Marc Anton.

Er amüsierte sich über die kindischen Streitereien um Nachtigall oder Lerche, freute sich mit Harlekin, der endlich seine Kolumbine gefunden hatte.

Beim kleinen Korsen und seiner Josefine hielt er sich nie lange auf, über Babs und Boris schüttelte er sein greises Haupt.

Ein Paar aber hatte er ganz besonders in sein Herz geschlossen.

Kein Palast, keine Titelseiten, wenig Publikum, doch stellen sie alles in den Schatten.

MariaundJosef, gestern, heute und ...schaun mer mal.

Unverhofft und preiswert

So ein Angebot bekommt Mann selten.

Für 1. € mit einer jungen hübschen Frau in die Federn. Doch auf modernen „JunggesellInnen-Abschiedsfeten" (wie hier in Aschaffenburg) ist vieles möglich.

Von einer fröhlichen Mädelrunde animiert ist der Jux auch einen Euro wert.

Wenn dann die Braut sich auch noch der Badekappe entkleidet, die Schuhe abstreift, mit Dir in die (Papp-)Kiste steigt, könnte der Preis gar auf 1,50 € steigen.

Von Würmern und Vögeln

„Nicht schön, aber ähnlich" – Mit launigen Worten überreichte der Gast dem Brautpaar sein Geschenk – ein nach deren Fotos handgefertigtes Marionettenpaar. Als dieser Gast Jahre später selbst heiratete, war das Hochzeitsgeschenk klar – die Brautleute als individuell gestaltete Marionetten.

Allerdings sollte die Übergabe von einem szenischen Spiel mit diesen und anderen Figuren eingerahmt werden.

Also waren Spielideen gefragt, die die zu sehen kenden Marionetten mit den Charakterzügen der Brautleute verbanden. Verschiedene Hochzeitsgäste wurden als Mitspieler eingebunden. Für ihr Agieren auf offener Bühne blieben ihnen nur Minuten der Vorbereitung.

So bewegten diese Gäste die Figuren zu kurzen Geschichten, die aus dem „OFF" erzählt wurden. Der „Bräutigam" wurde vorgestellt als mit Badmintonschläger bewaffneter Feuerbekämpfer; die „Braut", studierte Germanistin im Kampf um Buchstaben, deren Stellung und Bedeutung. Als sie die Bühne verließ, blieben drei Buchstaben stehen, sortiert nach scheinbarer Bedeutung:
E H E - Errare Humanum Est?
Oder: Zwischen zwei Gleichen steht ein Fremder?

Das dritte Bild wurde zur Herausforderung an die Mitspieler, denn hier war ein Satz zu sprechen.

Dem Bruder der Braut wurde er zugemutet – er hatte Jura studiert!

Zwischen die Buchstaben schlängelt sich ein Wurm. Rabe, Storch und verschiedene Phantasievögel bewegten sich (einigermaßen) choreografisch zum Wurm zwischen den Buchstaben.

Eine neue Figur in weißer Soutane betritt die Bühne, kniet nieder, küsst den Boden und winkt der Hochzeitsgesellschaft zu. Der „Papst" wendet sich an einen Vogel, den vom Juristen geführten: „Was soll das hier, was macht Ihr?" Fehlerfrei kommt die Antwort: „Wir vertreiben den Wurm."

Der Papst wendet sich kopfschüttelnd ab. In Predigergestus und -tonfall verkündet er der feiernden Gesellschaft: „So gelingt das nie! Wenn in einer Ehe einmal der Wurm steckt, kann man ihn auch nicht mit Vögeln vertreiben!"

Liebe macht kreativ

Kreativität, jene das Bekannte, Übliche und Normale sprengende Kraft, befremdet Mitmenschen, die im Normalen Halt suchen und finden.

Wandlungsimpulse kommen "von außen", sind fremd und befremdlich.

Es ist ein gerütteltes Maß an Selbstkultivierung nötig, das Beängstigende im Befremdlichen zu überwinden. Der Grad eines Abweichens vom Normalen spiegelt sich in der intuitiven Ablehnung des anstößigen Impulses.

Kulturelle oder künstlerische Kreativität ähnelt dem Ausflug eines Schwimmers ins offene Meer. Kleines Risiko bei sanfter Dünung, doch weht ein Wind die Brandung auf, brechen gar Felsen und Riffe die Wellen, dann sehen sich viele lieber die schäumende Gischt vom sicheren Ufer aus an.

Du entscheidest

Verschiedene Möglichkeiten, Herausforderungen anzugehen:

Manche werden bei gleichem Ziel und gleicher Methodik noch AKTIVER.

Andere bleiben auf ihrem Kurs bis zum Hindernis, um dann REAKTIV das Steuer herumzureißen.

Zu wenige nutzen die über das Aktionsziel reichende Orientierung, um frühzeitig und KREATIV neue Wege und Varianten durchzuspielen.

Sieben Buchstaben,

doch drei Formen gleicher Ressource.

Denklust

Dialog - mehr als Wortwechsel und Schwimmen
im Silbensee .

Hinhörend zureden,

zuredend hinhören

entsteht ein erotischer Tanz der Gedanken.

Lust,

offen jeder Befruchtung.

Ausgebrütet

Erfahrungen verdichten sich und laden ein zum "Brüten". Am Ende der "Inkubation" schlüpft schon mal eine Geschichte, ein Artikel, offener Brief oder ein Gedankensplitter.

Der Bilderwelt entsprungen, in Tagträumen geboren, gespiegelte Wirklichkeit, der Wahr-Nehmung verhaftet: Einsichten, geformt zu kleinen Geschichten.

Eindrücke bleiben haften, Fragen schälen sich heraus,

Ideen formen sich und drängen zur Niederschrift.

Kleine Geschichten

Einst wollte ich lernen, die großen Geschichten zu schreiben.

Später begann ich, die verborgene Weisheit der kleinen Geschichten zu erkennen.

Denn ich erlebte, wie tief ein Gedankensplitter in Verstand und Seele eindringen kann.

Querdenker

Weite Dein Blickfeld.

Wage „Unmögliches" zu denken.

Argumentiere konstruktiv.

Formuliere positiv.

Alle Ideen sind zulässig,

die Überprüfung nehmen wir später vor.

Mehr als Smalltalk

Können wir noch plaudern?

Wertschätzend lassen wir uns dabei gegenseitig auf die Erfahrungswelt des Gesprächspartners ein.

"Kommunikation" ist mittlerweile ein höchst instrumentalisierter Anspruch, reduziert auf apparative Verknüpfungen, Verfreundungen in Socialnetworks.

Doch der direkte, lockere Gedankenaustausch im vis à vis gehört seit jeher zum Wesen des Menschen.

Mensch, werde wesentlich!

Unruhe

In den Ohren das Grummeln
der Besucher auf der Empore.
In mir brodelt es wie heißes Vulkangestein.
Die Gedanken explodieren
in den Farben der Silvesternacht,
wieseln gleich Silberfischen
im Küchenschrank.
Wie Rennpferde in der Startbox
tänzeln meine sieben Sinne.
...Bühne frei - Auftritt!

Muss sein?

Als „Must on" – „Muss man gesehen haben" wurde mir das Guggenheim-Bilbao angepriesen.

Jedem „Muss man" skeptisch bis widerständig erwies sich doch dieses Museum als überzeugender Anlass für einen Besuch dieser nordspanischen Stadt.

Wer die Biskaya besucht ohne einen Bummel durch dieses Museum, verpasst einen eindrucksvollen Einblick in das moderne Kunstgeschehen. In der städtebaulichen Unordnung finden sich Plätze, die zum Innehalten, Betrachten und Verweilen einladen.

Stand- und Ruhepunkte, die das Mit- und Durcheinander der unterschiedlichen Investitionsprojekte zur Geltung bringen.

Der Besuch lohnt, wenn man will, weil man nicht muss.

Ungehörnt

Ist Dir bewusst, wie stolz Du auf Deine Frau sein kannst? Sie hält Dir die Treue. In guten, wie in schlechten Tagen hält sie ihr Versprechen!

Konnten Eva und ich auch entdecken, dass unsere einstige Liebe nie völlig versiegte, ist das doch weder für sie noch für mich Grund für einen Ehebruch.

Zugegeben, die Fantasie lädt zum Träumen ein. Es ist gut, solche Träume wahrzunehmen, sie zu akzeptieren und der Realität auszusetzen. Nur dann lässt sich die Wirklichkeit bewusst und verantwortlich gestalten.

Diese Wirklichkeit ist vielschichtig, ihre emotionale Kraft verschlägt mir den Atem. Den kühlen Kopf und die Würde zu bewahren, fällt da schon schwer. Doch enthemmt die Grenzen schleifen? Sich im Rausch fallen lassen?

Moderne Medien zeigen, wie so etwas angeblich gehen sollte. Hinter gutklingenden Parolen animieren sie zu ungeprüfter Selbstsucht: Lebe Dein Leben! Nimm was Dir behagt! Sei gut zu Dir!

Aber zu welchem Preis? Es geht um weit mehr als die endgültige Auflösung einer im Schweigen erstarrten Ehe. Für die materiellen Folgen einer Scheidung ließen sich Lösungen finden, das Scheidungsrecht ließe Deine Frau nicht unversorgt.

Eine Beziehung mit ihr würde unser beider Leben völlig umkrempeln. Eine möglicherweise lohnenswerte Herausforderung, könnte ich doch einer Gefährtin so vieles geben:

- interessantes Reisen, experimentelles Erleben und vor allem: miteinander darüber reden
- gelebte Wertschätzung als Frau und Partnerin
- ausgesprochene wie handgreifliche Zärtlichkeit und Liebesbekundungen.

Vieles, wonach Deine Frau sich sehnt, könnte ich ihr geben - in Überfülle. Mit Freude würde ich Deiner Frau geben, was sie bei Dir vermisst.

Doch fände sie bei mir nicht, was Du ihr seit Jahrzehnten bietest. Stabilität und Beständigkeit in der Lebensführung gehören nicht zu meinen Kerntugenden.

Ob Eva und ich einander mit einer Partnerbeziehung Gutes täten, erscheint uns beiden zweifelhaft. Lieber würden wir unsere wiederentdeckte Jugendliebe zu einer Freundschaft unter Erwachsenen kultivieren.

Eine "Affäre" würde diesen Plan zerstören.

Deine Frau hat den großen Wunsch, Liebe und Glück zu spüren. Eva will mehr als Zufriedenheit, sie will auch glücklich sein in Eurer Ehe und Familie. Nur, sie will dieses Glück weder von noch mit mir. Sie ersehnt es sich mit Dir.

In unseren wenigen Begegnungen und Gesprächen erlebte sie, welch breites Spektrum ein Leben vor dem Tod ausmachen kann. Mein Lebensstil zeigt ihr die Alternative zu Eurem Leben, welches ihr zu eng gedacht erscheint.

Doch noch einmal: Nicht mit mir will sie solche Alternative leben. Ihr Wunsch ist, dass einiges von dieser Lebensfreude Euere Ehe, Euer Leben bereichert - sie will das weite, reiche Leben mit <u>Dir</u>. Doch Eva steht unter dem Eindruck, bei Dir vor verschlossener Tür zu stehen.

Als ihr geheiratet habt, wollte sie <u>Dich</u>. Sie wollte und will <u>Deine</u> Frau sein, mehr als nur die Mutter Eurer Kinder. Deine Frau will <u>Deine</u> Liebe, sie will mit <u>Dir</u> das Leben spüren und mit <u>Dir</u> glücklich werden.

Gelingt euch das, bin auch ich zufrieden.

Von Herzen wünsche ich Deiner Frau mit Dir alles Glück auf Erden – weil auch ich sie liebe, denn sie ist liebenswert.

Für einen Neustart eurer Ehe brauchst Du nur wenig zu tun:

Mach Dich auf!

Vermessen

Tick-tack,
Seit 1335 tick - tack.
Nicht mehr panta rei – Zeit im Fluss, ruhig mal,
dann wieder schnell oder gar hektisch.
Tick - Tack, im mechanischen Takt der Räderuhr
wurde die Zeit messbar.
Zerhackt, zergliedert in gleichgroße Sequenzen -
uniform, objektiv kalkulierbar.
Seit 1335 messen wir die Zeit und alles in der Zeit.
In Jahren, Stunden, gar Nanosckunden haben wir
alles ausgemessen –
Geschwindigkeit, Geschichte, Entwicklungen in
Vergangenheit und Zukunft.
Jedem sein vermessenes Leben.

Des Menschen Leben währet 70 Jahr - wenn´s
glückt gar 80 oder 90.
Nur eine kurze Zeit im Weltenlauf.
Dabei bietet diese Welt so viel, viel zu viel, um es in
einem hundertjährigen Leben zu erfassen.
Ein Leben in Fülle –
ein Leben der vollgepfropften Zeittakte.
Leben = Menge in Zeit - die Formel der Moderne?

Wenn ein Leben nicht reicht, legen wir eine zweite
Runde ein - Wiedergeburt, recycelte Lebenszeit?
Jedem sein vermessenes Leben!

Forscherglück

Endlich hatten die Menschen den ersehnten Durchbruch geschafft. Die Geheimnisse aller Gene lagen offen vor ihnen. Den führenden Wissenschaftlern wurde es nun möglich, den „neuen Menschen" aus dem Staub der Erde zu produzieren.

„Nun sind wir selbst die Schöpfer des Lebens", jubelten die Menschen, „Wir brauchen Gott nicht mehr."

Um ihren Anspruch zu sichern, luden sie Gott zu einem Wettbewerb ein. Ihr Geschöpf sollte ebenso lebensfähig sein wie die nach Gottes Plan geschaffenen Menschen.

Großzügig nahm Gott die Einladung an. Die Regel gleicher Wettkampfbedingungen bestätigte er.

Doch als sich der Sprecher der Wissenschaftler bückte, den Lehm aufzunehmen, um seinen „neuen Adam" zu schaffen, stoppte ihn die Stimme Gottes:

„Gleiche Bedingungen sind vereinbart, also macht Euch erst den Dreck selber."

Ikarus

„Schnell", ruft Moische „beeilt Euch! Bringt Decken, Kissen - was Ihr habt. Aber beeilt Euch!" Seine Stimme überschlägt sich fast. Moische glaubt seinen Augen nicht trauen zu können. Hoch am Himmel trudelt ein Wesen der Erde entgegen. Wie ein Riesenvogel, aber auch wie ein Mensch sieht es aus. Größer als der Habicht, den David vor einigen Jahren geschossen hat. Doch ebenso weidwund.

Wenn dieses Wesen beginnt, wie ein Stein zu fallen, zerschmettert es am Boden. Solang es noch trudelt, sieht Moische eine kleine Chance, den Sturz abzufangen, den Aufschlag zu mildern. Darum: „Beeilt Euch, Kissen, Decken, Heu - fangt es auch mit Euren Armen auf!"

Die Dorfbewohner sind verwirrt. Gebannt und fasziniert verfolgen sie den Absturz des seltsamen Wesens. Nur wenige reagieren auf Moisches Rufen.

„Ein Mensch mit Flügeln?", der alte Levi schüttelt den Kopf „die Phantasten sind wohl nicht klein zu kriegen."

Sarah glaubt, es sei ein Engel, der auf ihr Dorf zuflöge. „Ein Engel, " lästert Samuel, „so, wie der trudelt, kann es nur ein gefallener Engel sein." „Wahrscheinlich hat er sich mit Gott gestritten. Dann ist es ein gestoßener Engel.", vermutet Rabbi Nathan. „Wir sollten uns darum zurückhalten. Es ist nicht gut, sich in einen Streit zwischen Gott und den Heerscharen einzumischen."

Sein Weib Esther fährt ihm in die Parade: „Red´ nicht solchen Stuss, alter Pharisäer. Hatte er Streit mit Gott, dann braucht er unsere Hilfe ganz besonders. Nur unter Menschen kann er sich mit Gott versöhnen. Also mach Dich auf die Socken und hilf Moische."

Doch Moische braucht nur noch wenig Helfer.

Einige Decken reichen, um die Spuren des Aufschlags zuzudecken.

Tafelfreuden

Ein hässliches Geräusch. Die Ohren beleidigend rutscht der Griffel über die Schiefertafel.

Schönschreiben geht also auch auf die Ohren!

Quietschend entsteht ein rundes *a*, ein kleines *a*, ein zweites *a*, ein drittes, viertes, fünftes *a*. Endlich berührt es exakt die untere und mittlere Hilfslinie auf dem Schiefer.

„Schön so," sagt Mutter, „so schreibst Du jetzt die Reihe voll." *a,a,a,a,a,a,a,a,a* - Dann *A, A, A. A.* A mein Gott, wie viele Buchstaben hat denn nur das Alphabet ? 26 kleine, 26 große Buchstaben, das sind ja ein Finger und noch ein Finger und ... Eine Hand sind fünf Finger - das sind wie viel Hände im Alphabet?
Dauert deswegen die Schule noch acht lange Jahre?
.....Weiter, vom Buchstaben zum Wort.

Apfelsine, Apfe da ist der Bruch, ein Sprung. Von der Mitte des linken Holzrahmens bis in die rechte untere Ecke ist die Schiefertafel gebrochen.

Griffel neu ansetzen *lsine.*
Seit gestern ist der Sprung da - Spur eines Kampfes. Beim Zank auf dem Schulweg wollte Horst der Stärkere sein. Sein Irrtum.

Stolz kratzt der Griffel über die kaputte Tafel.

Annehmen und angenommen sein

Kluger Rat

Aus scharfer Analyse wuchs kluger Rat:

Wo A sich öffnet und erklärt, B aber schweigt, über eigene Erwartungen und Wünsche kein Wort verliert, entsteht ein fatales Gefälle, ausnutzend und verletzend, zerstörerisch für Beziehungen. Folglich der Rat: Schon zum Selbstschutz ziehe Dich von B zurück - entscheide dich und handle!

Diesen Rat erneut bedacht entschied ich: Verletzbar, ausnutzbar, vertrauend, mich öffnend, geduldig auf Antwort wartend - diese Risiken trage ich, weil allein so Liebe wachsen kann.

Der Rat war klug - nicht weise.

Ja zur Eigenart?

Menschen sind kein Buffet, dem ich nur das mir Schmackhafte und Gefallende entnehme.

Menschen auf den „Nutzwert" zu reduzieren, beschädigt die Menschlichkeit, demontiert deren Personenwürde.

Einen Menschen als Freund oder Partner annehmen, geht nur in seiner je eigenen, doch umfassenden Wirklichkeit, auch dem scheinbar oder wahrhaft Mangelhaften.

Je dichter eine Beziehung wird, umso intensiver und häufiger stellt sich die Kernfrage: „Nehme ich auch ihre/seine Seiten an, die meinen Wünschen widersprechen, die mir auf die Nerven gehen?"

Wie stehe ich zu ihren/seinen Eigenschaften, die sie/ihn zwar auszeichnen und liebenswert machen, sie/ihn mir aber immer wieder zeitweilig und räumlich entziehen?

Kann ich sie/ihn in der eigenen Wesensart, als eigenständige und ständig eigene Persönlichkeit ertragen? Kann ich diese Aspekte sogar mittragen?

Bietet die personale Liebesbeziehung den Raum für zwei ausgeprägte Persönlichkeiten, die sich nicht nur ertragend akzeptieren, sondern einander tragend gegenseitig ihre Entfaltung fördern?

Allein

Du kannst allein sein.

Du kannst einsam sein.

Du kannst einsam und allein sein. Du kannst einsam in der Menge sein.

Einsamkeit kannst Du erst überwinden, wenn Du allein sein kannst.

Paradox?

Nicht mehr als das Leben selbst.

Allein sein ist weit mehr als solo leben. Zu den Facetten des Alleinseins gehört auch die Freiheit von einem verpflichtenden Wir.

Es erlaubt volle Souveränität, allerdings um den Preis voller Verantwortung.

Willst Du nicht allein sein, rufe einen Freund oder eine Freundin an.

Hast Du die nicht und Du leidest am Alleinsein, dann bist Du einsam!

Lächeln

Lachst du noch oder lächelst du schon?

Der harmonische Mensch ist fähig zum Lächeln.

Lachen entsteht als Reaktion auf einen Impuls, durch irgendeinen Spaß, einen Witz oder auch einen Gedankenblitz. Es ist die explosive Antwort auf einen belustigenden Anstoß. Wir kennen solches Lachen vom Theater und Kabarett, aber auch vom Biertisch und Kaffeeklatsch.

Das Lächeln ist still. Es braucht nicht den impulsiven Anlass. Es wächst aus Zufriedenheit.
Wie aus einer warmen Quelle, als ein feines Strahlen legt es sich über das Gesicht. Menschen, die lächeln, sind – in diesen Momenten – im Einklang mit der Welt.

Fraglich

Ob uns miteinander und beieinander ein glückliches Leben gelungen wäre?

Die seltenen Begegnungen mit Dir genieße ich als Momente des Glücks; freue mich, dass es Dich gibt und wenn es Dir gutgeht.

Treu bleiben

Liebende sind treu. Treu dem, den sie lieben. Liebe und Treue wird oft so eng miteinander erlebt, dass sie als gleichwertig verknüpft und gegenseitig bedingt angesehen werden. Dabei wird häufig übersehen, dass Treue eine Frucht lebendiger Liebe ist. Sie lebt nicht aus sich selbst und ist ungeeignet als Ersatz für erstorbene Liebe.

Lebendig bleibt Liebe, so sie genährt und gepflegt wird. Wo Zuneigung, Aufmerksamkeit und Respekt den Alltag prägen, bleibt Liebe lebendig und meistert selbst Krisen. Resonanz ist ihre Wachstumskraft. Ohne Resonanz verkümmert sie in Einseitigkeit, um zu verhungern und abzusterben.

Zu Wundern der Liebe zählt wohl, wie manche lebendige Liebe selbst über den Tod der/des Geliebten in Treue wirksam bleibt. Auch so manche todgeglaubte Liebe erwies sich irgendwann als nur scheintot und erblühte neu.

Einer erstorbenen Liebe jedoch wird mit selbst oder fremd auferlegter Treuepflicht keine Auferstehung geschenkt. Treue bleibt eben Frucht. Frucht lebendiger Liebe, Totes aber ist unfruchtbar.

Erstorbener Liebe sollten wir die gebührende Achtung und letzte Ehre erweisen. Ein letzter Treuedienst, dass jeder sich selbst treu bleiben kann.

DU

…wie Dich selbst! hat ER gesagt;

nicht: statt Deiner selbst.

Aufpassen

Warum traurig sein,

dass es <u>das</u> Glück nicht gibt?

Dafür gibt es ungezählte Momente,

Stunden und Tage des Glücks,

sei nur achtsam ihrer Gegenwart.

Nach-Denken zum Nach-Danken den Freunden

Nun ist die Grenze überschritten, unter eurer herzlichen Teilnahme bin ich als Senior klassifiziert und demographisch ein UHU (unter 100).

Danke für die erbetene Dematerialisierung der Geschenke. Bei der Abfahrt passte alles in einen PKW-Kofferraum und ist mittlerweile in der „Rennschnecke" verstaut.

Irgendwann – sogar in absehbarer Zeit – sind
* die Süßigkeiten vernascht und der Blutzuckerwert normalisiert ,
* die guten Weine genossen,
* Konzerte und Theateraufführungen eine gute Erinnerung mit Nachklang,
* die Bücher gelesen und hoffentlich verstanden,

dann bleibt und lebt das eigentliche Geschenk, das ihr mir an diesem Tag gemacht habt: Eure Freundesliebe.

„Freundschaft"– dieses inzwischen inflationierte Wort reicht nicht aus, jenes Geheimnis zu beschreiben, welches an diesem Tag sichtbar wurde. In dieser Zeit, in der man online auf Knopfdruck sich mit ungezählten, auch unbekannten Menschen verfreunden kann, gewinnt die gelebte herzliche Verbundenheit neue Kraft.

Es ist ein Geheimnis aus dem Spektrum der Liebe.

So unterschiedlich unsere ersten Begegnungen und anfänglichen Beziehungen auch waren, etwas Eigenartiges muss ihnen beigemischt sein, dass sie nicht wie ungezählte andere zeitbedingte Beziehungen in Vergangenheit oder reine Erinnerung absanken.

- Kollegiale Akzeptanz und Sympathie,
- verwandtschaftlichen Nähe,
- nachbarschaftliche Hilfsbereitschaft,
- erotische Anziehung und Freude aneinander,
- geistig-spirituelle Verbundenheit,
- politisch-soziales Engagement,
- sportliches Kräftemessen und Kräfteteilen,

das alles sind wunderbare Wurzeln wachsender Freundschaften. Sie allein begründen aber nicht jene Qualität, die durch Euch an meinem Geburtstag zum Ausdruck kam. Die genannten Anfangsgründe allein unterliegen üblicherweise dem Wandel oder dem zeitlichen Verfall.

„Aus den Augen, aus dem Sinn", damit diese Standarderfahrung des Lebens gewandelt wird in „Aus den Augen, doch tief im Herzen" bedarf es jener geheimnisvollen Zugabe, die wir als Phänomen Liebe kennen.

Sie wechselt in ihren Schattierungen und Erscheinungsformen, als echter Bestandteil einer Beziehung kann sie verschüttet oder eine Zeit lang vergessen werden, sie ist aber nicht totzukriegen.

Eine literarische Auseinandersetzung mit diesem Phänomen findet sich in dem leider vergriffenen Buch "Die Liebe buchstabieren" von Johannes Heinrichs (der im Zuschauerraum die "schlimmen Laborwerte aufs Handy" bekam☺).

Allein im letzten Jahrzehnt bot mir das Leben einige harte Lektionen zum Thema Liebe:

- sie wirkt, sobald sie akut gelebt wird
- unzählige Grade und Ausdrucksformen teilen mit: Du bist der Liebe wert!
- Ist Dir jemand „liebenswert", lebe es und verschenke keine Zeit
- Auf unerwiderte Zuneigung wende Dich nicht ab. „Loslassen" ist dann die Antwort der Liebe.

Für den praktischen, so wunderbaren Einblick in dieses Geheimnis zu meinem 60. danke ich Euch von Herzen. Auf dieses Geschenk der Freundesliebe kann es nur eine gelebte Antwort geben: Meine Liebe zu Euch.

Heute, da ich Euch schreibe, ist es bereits der 18.2. 2011. Es ist der sechzigste Jahrestag meiner Taufe – damals ging das noch zügig. Wie mein Großvater, vor allem aber in Erinnerung an meinen im II. Weltkrieg gefallenen Onkel, erhielt ich den Namen Josef.

Einen eigenen persönlichen Bezug zu diesem Namen gewann ich auf einer Tour mit einer Freundin durch deren Schweizer Heimat. Unterwegs hörten wir im Autoradio einen Kirchenfunkbeitrag zu den biblischen Josefs. Der Autor hob als zentrale Eigenart des alttestamentlichen Hirtenjungen als auch des Zimmermanns aus Nazareth die Bereitschaft hervor, den Träumen zu trauen. Da hätten mir meine Eltern ja den richtigen Namen gegeben, bemerkte Clarice dazu. In diesem Punkt hatte sie wohl recht.

Eure Freundschaft jedoch ist mehr als ein Traum.

Danke dafür.

Keine Erwartungen

Statt Erwartungen oder Ansprüche einzufordern ist es wirksamer, die Wünsche klar und offen auszusprechen.

Geschieht dies in gebührender Hochachtung und Respekt vor dem Hörenden, braucht dieser keine Abwehrlinie aufzubauen, die dann erst wieder mühsam überwunden werden muss.

Personen, an die ein Wunsch gerichtet wird (direkt oder indirekt), haben so die Möglichkeit zur freien Stellungnahme. Die Fairness des Wünschenden eröffnet ihnen die gesamte verbale und nonverbale Spanne zwischen Abweisung und Zustimmung.

Nicht einmal auf eine „Antwort" sollte der Wünschende einen „Anspruch" erheben. Bei voller Achtsamkeit wird er selbst die ungesagte Antwort wahrnehmen und erleben.

Erwartungen und Ansprüche jedoch grenzen die Antwortfreiheit ein. „Richtige" oder „falsche" Antwort wird an der Erwartung gemessen, nicht an der Erfüllbarkeit oder Erfüllungsbereitschaft des Gegenübers.

Nichterfüllung oder Verweigerung gegenüber vorgetragenen Wünschen können eine eigene Qualität entwickeln, indem sie beitragen zur Verfeinerung, Präzisierung oder Transformation des geäußerten Wunsches.

Denn Sie ist liebenswert

Ihr braucht nicht zu spekulieren. Es ist wahr.
Ich liebe diese Frau, denn sie ist liebenswert.

Sie ist verheiratet – auch das ist wahr. Ist sie deshalb weniger liebenswert? Liebt ihr Mann sie, dann sind wir schon zwei von hoffentlich sehr vielen, die sie für liebenswert erkennen und das auch tun. Sie ist seine Frau – er ihr Mann. Richtig – doch hier sind mein/dein, sein/ihr keine besitzanzeigenden Fürwörter, sie sind bezugsanzeigend. Sie und ihr Mann haben sich einmal öffentlich und vor Gott zueinander bekannt. So lang die beiden zu diesem Bekenntnis stehen, hat ein Jeder es zu respektieren. Nicht obwohl, sondern weil ich sie liebe, respektiere ich diese Entscheidung und ihr Bekenntnis.

Ich liebe diese Frau, denn sie ist liebenswert.

Sie weiß um meine Gefühle, hat sich aber dazu nicht geäußert. Zu schweigen ist ihr gutes Recht. Nie habe ich behauptet, dass sie mich liebe. Sie und ihr Mann schufen miteinander Lebens- und gemeinsame Ehegeschichte. Ihr alle kennt sie sogar besser als ich. Die Qualität dieser Geschichte als gemeinsame Liebesgeschichte zu beurteilen, steht niemandem als den beiden selbst zu.

„Du hattest einmal deine Chance!" Auch das stimmt. Einst hatten wir einander geliebt und uns zueinander bekannt. Wir waren jung, unreif und unerfahren im Leben. Ich für meinen Teil wusste solche Liebe nicht zu schätzen, kannte noch nichts von der Reifezeit der Liebe. Die Welt wollte ich aus den Angeln heben und verließ die Heimat, eigene Wege gehend. Dabei ließ ich sie zurück, nicht einmal ihre Verletzungen bemerkend. Kein Grund, stolz zu sein und erst recht keine Basis für eine wiedergeborene Liebe.

Ich ging meinen Weg, ohne sie. Wir verloren uns aus den Augen. Als mir einmal dämmerte, was ich mit ihr zurückgelassen hatte, waren beide längst anders verheiratet. Als Jugendliebe blieb sie mir in guter Erinnerung. Nie hegte ich einen Groll gegen sie, warum auch? Meine Besuche in Eurer Stadt waren auch immer Besuche in der Stadt, in der sie wohnt.

Zufällig kam es zu einer flüchtigen Begegnung, bei der ich mir nicht einmal sicher war, ob sie es überhaupt war. Als sie später meine Rückfrage bestätigte, trafen wir uns irgendwann. Es ergab sich die seltene Chance, gemeinsam die Vergangenheit zu betrachten, Ungeklärtes zu klären und uns mit dem nicht mehr Erklärbaren auszusöhnen. Wir gingen als Freunde auseinander, im Versprechen, Kontakt zu halten. Es blieb beim Austausch von Grüßen und kurzen Nachrichten. Jeder Gruß, jede Nachricht aber löste in mir tiefe Freude aus, dass es sie gibt. Es dauerte lange, dass mein Verstand akzeptierte, was das Herz schon wusste.

Ich liebe diese Frau – denn sie ist liebenswert.

Ich sei doch nur verliebt? Verliebt bin ich mein Leben lang, immer wieder neu. Ich liebe die Menschen und vor allem die Frauen. Verliebt sein ist die gesunde Reaktion eines Menschen auf die Begegnung mit einem attraktiven, geistvollen Mitmen-

schen des zumeist anderen Geschlechts. Verliebt-
heit - ist sie auch noch gegenseitig - kann eine Zeit
dauern, das Leben bereichern und das Bett wär-
men. Um zur Liebe durchzustoßen, bedarf es aber
mehr. Dazu musst Du ihr Dein Herz öffnen und ihr
Zeit lassen, sich dort einzunisten, so wie sie ist. Ver-
liebt begehrst du sie, weil sie attraktiv, geistvoll,
schlagfertig, sexy und lustvoll ist. Du siehst in ihr,
was Deinen Bedürfnissen entspricht und willst sie
haben. Die Verliebtheit endet häufig, entdeckst Du
an ihr, was Deinem Beuteschema widerspricht.

Liebe aber nimmt wahr, was ist, wie sie ist. Lässt sie
sein, wie sie ist und lässt ihr den Platz in Deinem
Herzen. Es ist Dein bewusstes Ja zum Leben dieser
Anderen. Dieses Ja befähigt sogar zum Loslassen,
erfreut sich an ihrem Glück, auch wenn es nicht
Euer gemeinsames Glück ist.

Heute weiß ich, sie hat ihren Platz in meinem Her-
zen nie verloren. Dass wir die Liebe unserer Jugend
nicht lebten, war Folge unserer Unreife. Die in neu-
er Qualität wiederentdeckte Liebe nun nicht zu le-
ben, kann Ausdruck der Reife sein.

Ich liebe diese Frau – denn sie ist liebenswert.

Der Liebe wert sind alle Menschen. Das ist richtig,
doch abstrakt. Unsere konkrete Liebe richtet sich
auf konkrete Menschen. Auch wenn wir uns be-
mühten, wir schaffen es nicht, Jedem unser Herz in
Liebe zu öffnen. Bei den meisten reicht es zu wohl-
wollender Freundschaft, bei vielen nicht einmal
dazu. Aktiv und entschieden zu lieben, bedarf der

eigenen Anstrengung. Darum lieben wir, was uns liebenswert ist.

Ein Menschenleben reicht nicht aus, um jede mögliche Liebe zu leben. Aber ein Menschenleben ist auch zu kurz, eine Liebe zu leugnen. Jede Liebe ist Lebenskraft, ein Geschenk dem geliebten Menschen.

Darum bitte ich Euch: ist Euch ein Mensch liebenswert – Eurer Liebe wert – so verschweigt sie nicht. Versteckt euch nicht hinter Konventionen, sondern bekennt Eure Zuneigung und freut Euch am Glück derer, die Ihr liebt. Gilt auch Eure Zuneigung ihr, die ich liebe, so steht dazu.

Zeigt auch ihr, dass Ihr sie liebt –

denn sie ist liebenswert.

Nicht Irrweg, sondern Labyrinth!

Verleiten die Irrwege auf Jahrmärkten dazu, sich den Kopf zu zerbrechen bzw. mit dem Kopf gegen die (Glas-)Wand zu stoßen, bieten Labyrinthe Anreize zum Nachdenken über sich selbst.

Als verschlungener Meditationspfad lockt er zu Fragen heraus:

- Bist Du bereit, deinen Weg zu gehen?
- Bleibst Du auf Deinem Weg, auch wenn er Kehren und Wendungen mit sich bringt?

Beim Eintritt in den labyrinthischen Pfad hast du das Ziel – die Mitte – gut im Blick. Doch der Weg irritiert. Er führt Dich in die Nähe der Mitte und dann doch wieder an den Rand. Nimmst Du eine "Abkürzung", findest Du Dich plötzlich in falscher Richtung auf den Weg.

Menschen auf gleichem Weg begegnen Dir verschiedentlich, es scheint, als liefen sie in die Gegenrichtung und sind doch auf dem Weg ins Zentrum. Wagst Du in Dein Zentrum zu gehen, in die Tiefe Deiner eigenen Mitte zu schauen?

Uns Teilnehmern der Pädagogischen Werktagung in Salzburg wurde die Erfahrung des meditativen Weges in einem Lichterlabyrinth geboten. 800 Teelichter (eines für jeden Tagungs-Teilnehmer) formten das Labyrinth auf dem Boden der Kollegienkirche und beleuchteten den barocken Kirchenraum. Liturgisch-szenisch wurden wir eingeladen zum eigenen Gehen.

Langsam, sich selbst, die Gedanken und Empfindungen wahrnehmend. Den Signalen der Leibhaftigkeit nachspürend. Wie häufig zeigen sich Körpersymptome als Boten fälliger oder unterlassener Handlungen. Halte ich auch in diesem langsamen Gehen meine Balance? Kann ich in mir selber ruhen, aus mir Kraft schöpfen? Wie äußert sich Kopfzerbrechen? Wieso schmerzen die Hände in Zeiten des Handlungsdrucks oder die Beine in Situationen unklarer Wege? Schultere ich zu viel, vertraue ich meinem „Bauch", was rät mein Herz, was der Verstand?

Wie bringe ich das in Einklang?

Den Gedanken nachgehen, Lebenswenden anschauen – ihnen nicht ausweichen.

Labyrinthe sind keine Irrwege, sie laden ein zum Nachdenken über bisherige und neue Wege.

Liebe, die lebensfördernde Energie

Liebe ist Energie, eine ungemein kraftvolle und kraftspendende Energie. Daher lohnt es, selbst dem kleinsten Funken von Liebe nachzuspüren und zu leben.

Jede empfundene, aber nicht bezeugte Liebe ist eine Vergeudung notwendiger Lebensenergie. So gilt es denn, Liebe und Liebesenergie zu kultivieren und in die Gestaltungskunst des Lebens einzubringen.

Durch die Grundentscheidung zur Liebe wird der Druck zum vereinheitlichenden Gruppenkonsens gemildert. Dogmen und Verkrustungen weichen auf, weil auch den Zweiflern und Vertretern abweichender Thesen Respekt entgegengebracht wird.

Die Akzeptanz von Rede und Gegenrede bricht Bunkermentalität auf, lässt die Würdigung von Tradition und Innovation zu.

Kulturelles Ein-und Ausatmen, Neu-Formation und Re-Formation können ihr bereicherndes Zusammenspiel treiben, lebensfördernd für Gesellschaft und Menschheit.

Umbrüche und Aufbrüche

Erinnerungen

Es tat weh,

mit den Erinnerungen konfrontiert zu werden.

Doch war es wie der Schmerz

beim Abziehen eines Pflasters.

Die Wunden sind verheilt.

Zeitenwende

Es begann, wie jede Reise beginnt. Jemand war da und dort, berichtet von spannenden und interessanten Eindrücken. Dein Interesse wird wach. Du wirst neugierig auf neue Informationen. Du beginnst nachzufragen, zu lesen, Ausschau zu halten.

Nur eines gilt: BIST DU BEREIT?

Das JA kam aus der Vernunft, gerade deshalb hatte ich keine Ahnung. Glaubte an eine Gedankenreise in die Erfahrungen des eigenen Lebens.

Wunderschönes Wetter, die Sonne strahlte an diesem Freitag - Sommerwetter, Pfingsten wird schön. Der Notarzt brauchte nur 6 Minuten. Um 13.11 Uhr stellten die Ärzte ihre Bemühungen ein.

Die Reise ins „Plötzlich und unerwartet" lässt sich nicht buchen. Abflug und Ankunft bleiben Dir verborgen.

Raum und Zeit spalten sich, Du bist am Ort und stehst neben Dir.

Ein Sturm wirbelte mein Leben durcheinander, führte zu den Gründen und Abgründen meiner Existenz. Das ist keine Reise, das ist Wahnsinn. Falsches Ziel, da wollte ich nie hin!

BIST DU BEREIT?

Zur Reise ohne Ankunft? An die Grenzen zu gehen? Über die Grenzen zu gehen, die Sprache zu verlieren?

BIST DU BEREIT?

Bereit, dem Leben zu folgen? – Dich in eine unbekannte Welt führen zu lassen? Lässt Du zu, dass

Menschen Deiner Nähe sich befremden, sich zurückziehen? Dürfen fremde Menschen Dich angehen? Was geht Dich an?

BIST DU BEREIT?
Innehalten.
Hinhören.
Schweigend staunen.
Leben zulassen, auch wenn es so ganz anders geschieht.
Neuem Leben Raum und Zeit geben.
Dem Leben danken.

BIST DU BEREIT?

Leben erkennen

Erst im Spiegel des Todes erkennen wir, was Leben ist.

Lieben,

lachen,

Leben geben.

Leben vor dem Tod?

Wer A sagt, muss auch B sagen? Was, wenn sich A als falsch herausstellt, als überkommen oder nicht mehr gültig?

Traditionen entwickeln sich unter völlig anderen Lebensbedingungen.

Lang anhaltende Ehen zählten noch vor wenigen Generationen zu den Ausnahmen, bedingt durch kurze Lebenserwartungen.

Die Freundin riet: Du musst Dich entscheiden, dieser trostlose Alltag könnte auch noch 20 Jahre so weitergehen!
Vergeude nicht Dein Leben,
weil Du nicht zu leben wagst, wie Du hättest leben wollen.

Es darf

Nimm Dich an,

wie Du bist.

Mit allen Fehlern,

mit allen Erfolgen,

mit allem Scheitern,

mit allem Neubeginn.

Nimm das Leben an,

es ist gut so, wie es ist.

Es darf so sein.

Regeng(en)uss

Nichts war verändert, doch alles war anders.

Das abfließende Wasser im Gully schien kecker zu vergurgeln. Wie ein fröhliches „und tschüss" klang dieses Geräusch.

Heute genoss er den Regen. Regen reinigt, spült so viel weg.

Die Lichter der Dämmerung spiegelten sich in nassen Wänden, Fahrbahnen und Gehsteigen, als hätte die Straße sich zur Festbeleuchtung herausgeputzt.

Schritt um Schritt setzte er seinen lang vertrauten Weg fort, befreit und neu beschwingt.

Ein Adler erwacht

„Das ist kein Huhn, das ist ein Adler", sagte der Gast zu dem Bauern. Irgendwie spürte der große Vogel, dass der Fremde von ihm sprach. „Wieso soll ich kein Huhn sein? Hier im Hof bei meinen Freunden bin ich aufgewachsen. Wie sie habe ich zwei Beine, zwei Flügel, einen Schnabel. Also, was soll der Quatsch? Was überhaupt ist ein ADLER?"

Er pickte ein paar Maiskörner. Dabei musste er den Schnabel parallel zum Boden halten und seitwärts die Körner aufnehmen. Irgendwie war ihm der krumme Schnabel hinderlich.

Der Bauer war mit dem Gast weitergegangen, der Vogel sah und hörte sie nicht mehr. Wie wenn der Wind ihm ein Blättchen ans Gefieder geweht hatte, war ein Gedanke in seinem Kopf gelandet. Aber anders als das Blatt ließ sich der Gedanke nicht mehr abschütteln.

„ADLER - was ist das? - Wieso kein Huhn?"

In den folgenden Tagen und Wochen piekten diese Fragen immer wieder in seinem Kopf. Dabei pickten sie neue Gedankenfetzen los, Erinnerungsstücke, Fragen. Etwas war immer anders an ihm gewesen. So konnten die anderen geflügelten Zweibeiner viel besser und schneller die Körner aufpicken und fressen.

Er erkannte, dass er eigentlich immer eine Art Hunger verspürt hatte. Nicht, dass er Hunger leiden musste - aber so richtig satt machte ihn das umständliche Körnerknabbern nicht. Irgendwas war nicht da, fehlte, stimmte nicht. Die weißen

Zweibeiner mit den gelben Schnäbeln zum Beispiel konnten phantastisch schwimmen. Sie hatten aber auch seltsame Füße, fast wie Blätter. Er selbst dagegen konnte mit Schnabel und Krallen große Äste packen und über den Hof ziehen, seine mächtigen Flügel halfen ihm dabei.

Jaa - stark war er, stärker als alle im Hof. Wenn ein Sturm aufkam, rannten die Freunde zu ihm und suchten unter seinen großen ausgebreiteten Flügeln Schutz. Dann war er sehr stolz - so konnte er nützlich sein. Eierlegen dagegen konnte er nicht. Erst jetzt wurde dem Vogel deutlich, dass er, weil er anders war, im Hof andere Aufgaben und Funktionen unbemerkt und selbstverständlich übernommen hatte.

Einmal hatte er einen mittelgroßen, rötlichen Vierbeiner gesehen, der sich verdächtig machte, wie er so durch die Felder schlich. Er hatte einen seiner Freunde darauf aufmerksam gemacht, doch der erkannte nichts. Auch als dieser Freund auf den Zaun hüpfte, konnte er den roten Schleicher nicht ausmachen. „Musst du aber scharfe Augen haben", hatte der Freund bemerkt und sich wieder den Körnerpicken zugewandt. Als er abends den anderen Freunden im Hof dieses rote Schleichtier beschrieb, waren sich alle einig: „Er hat einen Fuchs gesehen. Viel früher als uns das je gelungen ist."

So etwas geschah noch öfter. Da er nun erfahren hatte, dass der Fuchs gefährlich - ja, tödlich war, krächzte er warnend, sobald er den Schleicher erblickte. Der Fuchs verzog sich dann. Ob er Angst vor dem großen Vogel hatte? Es kam soweit, dass sein warnendes Krächzen den Fuchs vertrieb, bevor die Freunde die Gefahr überhaupt bemerkten. Weil sie selbst aber nichts sahen, nahmen sie seine Alarmmeldungen bald nicht mehr ernst. Viele dieser Eigenheiten stiegen dem Vogel ins Bewusstsein. War es das, was der Fremde meinte, als er sagte: „Das ist ein Adler"? Jetzt wollte er das Geheimnis lüften. **Was ist ein Adler?**

Die Freunde begannen bald zu tuscheln und ihn seltsam anzusehen. Sie verstanden und teilten seine Unruhe nicht. „Warum willst du wissen, was ein Adler ist? Hier geht es dir gut. Besser und sicherer kann doch auch ein Adlerleben nicht sein." So und ähnlich sprachen sie und schüttelten die Köpfe. Sie begriffen das Klopfen in seinem Kopf und das Brennen in seinem Herzen nicht. Sie teilten nicht seine Sehnsucht, seine Suche nach „Adler" und „Adlerleben".

Einmal, als das Brennen wieder schmerzlich aufkam, besann er sich auf seine Stärke und hüpfte über den Zaun des Hofes. Hatten die Freunde das überhaupt bemerkt? Sie pickten, gackerten und quakten genauso wie vorher. Der Vogel hopste weiter, in großen Sprüngen hüpfte er über die Felder. Ein seltsamer Vierbeiner mit langen Ohren und einem weißen Stummelschwänzchen hoppelte zutiefst erschrocken vor ihm davon. Kleine braungraue Tierchen flüchteten fiepend in enge Löcher im Boden.

Warum hatten sie Angst? Was war so erschreckend an ihm? Die fremden Tiere rannten weg, noch bevor er sie fragen konnte, was sie von Adlern wussten. Ein ungutes Gefühl beschlich ihn - er machte Anderen Angst! Verwirrt entschloss er sich in den Hof zurückzuhüpfen. Dort waren seine Freunde. Auch wenn sie den Kopf schüttelten - sie hatten keine Angst vor ihm.

Das Leben im Hof gab ihm seine Ruhe wieder. Hier konnte er sich erholen vom Abenteuer seines Ausflugs. Was aber sollte er mit den ungelösten Fragen machen? Er hatte nicht nur keine Antworten gefunden, neue Fragen hatten sich dazu gesellt.

Warum waren die Tiere auf den Feldern geflohen? Wodurch hatte er sie geängstigt? Als die Fragen wieder zu stark hämmerten und im Herzen pulsten, sprang er ein zweites Mal über den Zaun. Diesmal hüpfte er zum Wald. Zwischen den Bäumen wurde ihm mulmig. Ihm fehlte der gewohnte freie Himmel. Er sah einen riesengroßen Vierbeiner, der aussah wie ein Baum. Diesem Tier wuchsen trockene Äste aus dem Kopf. Es sprach ihn an: "Was willst du denn hier im Wald? Hier gehörst du doch gar nicht hin." Der Vogel stutzte. „Was weißt du von mir, weißt du wer oder was ich bin?" „Klar, du bist ein Adler. Du gehörst in die Luft. Bist du krank, dass du hier hopst und watschelst?" „Was sollte ich Deiner Meinung nach tun?" „FLIEGEN! Ein Adler der nicht fliegt, ist ein armer, lächerlicher Narr. Du gehörst an den Himmel in die Luft. Hier unten im

Wald ist kein Platz für einen Vogel deiner Größe, hier ist mein Revier."

Unsicher verließ der Adler den Wald. Als er den freien Himmel wieder über sich hatte, blickte er befreit und neugierig nach oben. Gab es da noch andere Adler am Himmel? Endlich entdeckte er einen seiner Art. Mit weit ausgespannten Flügeln schwebte der Vogel zwischen den Wolken. Ab und an schlug er mit den Flügeln die Luft. Der Adler versuchte es, er schlug mit den Flügeln und hopste. Die Hopser wurden größer, die Flügel gaben dem Sprung mehr Kraft. Immer wieder probte er den Absprung. 20-mal, 25-mal und mehr. Endlich - jubelnd blieb er oben. Schneller, schneller schlugen die Flügel, der Wind fegte durch sein Gefieder, blieb in den starken offenen Flügeln hängen und trug ihn in die Höhe.

Er hatte eine neue, <u>seine</u> Lebensform entdeckt -

   er flog!

Unter sich sah er den Wald, die Felder, den Hof mit den Freunden. Trauer mischte sich in die freudige Seligkeit. Er musste den Hof, die Freunde verlassen, um das Adlerleben zu suchen.
Er hatte doch dort unten Aufgaben übernommen. Durfte er denn seine Freunde verlassen? Was aber war die Alternative?
Sein Leben zu verwirken! Sein Leben **nicht** als Adler gelebt zu haben!!!

Tief in seinem Inneren mischten sich Furcht, Trauer, Sehnsucht und Jubel zu einem weit hörbaren Schrei:

Ich bin ein **Adler!!!**

Jetzt muss ich als Adler leben!

Geburtstage

Am Ende einer dunklen Zeit:

bin ich klein, nackt, verletzlich

Da ich um meinen Durchbruch rang,

packtet ihr in hübsches Geschenkpapier

all Euere Erwartungen

Donnerstag, 15. Februar 1951

2001 Donnerstag, 15. Februar

Nun stehe ich da am Fuß jener Berge,

die ich doch versetzen wollte.

Hab Spuren hinterlassen, trag Spuren davon

Durfte von Freunden und Gegnern lernen

Alle Wetter zeigten ihr Gesicht

der letzte Sturm zerriss alle Pläne,

im stillen Auge des Sturmes

verwehten alle Erwartungen.

Nackt und verletzlich,

Schritt für Schritt

ein neuer Aufbruch.

Dynamik des Lebensstroms

Der Strom des Lebens ist kein gesicherter Swimmingpool, aufgeteilt in Schwimmer-, Nichtschwimmer- und Planschzone.

Er ist ein mäandernder Fluss, dynamisch mit Stromschnellen, Seichtgebieten, Auen, Tiefen und Untiefen. Sturzbäche und Wasserfälle, aber auch Zonen ruhigen Gleitens prägen sein unterschiedliches Bild.

Von Menschenhand um Schleusen, Wehre und Kanaleinfassungen „bereichert".

Auf derartigen Flüssen sind wir in Lebenslänge unterwegs, stets zur Mündung reisend; der Rückweg zur Quelle ist nur in gedanklicher Reflexion möglich.

Unzählige Reisende sind froh, auf einem fremden Frachter anheuern zu können, träumend von einer Passage auf dem Traumschiff. Andere bauen oder erwerben ein eigenes Boot. Dabei reicht es häufig gerade zur Jolle, wenige können sich eine eigene Yacht leisten.

Klammern sich Einige am Ufer fest, lassen Andere sich treiben. Die Mehrzahl der auf dem Strom treibenden mühen sich mit Ruder und Steuer ab. Immer wieder laufen Einige auf Grund, Andere kentern. Geraten sie ins Fahrwasser anderer, besteht Chance einer Rettung aber auch Gefahr, überfahren zu werden. Denn immer größer wird der Anteil derer, die voller Energie schneller als das Leben selbst sein wollen.

Und dann sind auch Jene unterwegs, die die Dynamik dieses Lebens bewusst ausloten. Mit eigener Kraft, aus Fundstücken und Treibgut bauen sie ein Floß, steigen vom vermeintlich sicheren Schiff und vertrauen sich dem Strom an.

Sie erfahren ihr Floß als neuen Freiraum, bereichert von dem, was der Strom zu lehren weiß.

Denen, die schwimmend um ihr Leben kämpfen, werden sie zum Reisebegleiter. Als Möglichkeit des Ausruhens eine Kraftquelle, in Gefahr zum Rettungsfloß werdend.

Lotse werden sie denen, die bis zum Hals im Wasser stecken, vieles schlucken müssen und alle Kraft brauchen, nicht unterzugehen. Mahner denen, die achtlos mit Booten und Schiffen durch den Strom kurven, im Blick auf ferne Ziele zur Gefahr für die Masse der Schwimmer werden.

Die Liebe leben – mit Herz und Verstand

Liebevoll

Den Nächsten lieben?

Dich selbst!

Deine Feinde!

Und die Freunde?

Die Verwandtschaft?

Die Heimat?

Das Vaterland?

Die Muttersprache?

…?

Wahlfreiheit

Ist das Leben nicht zu kurz, empfundene Liebe nicht zu bekunden und zu leben?

Weit mehr als das erotisch-intime Spiel der Lebenslust oder das Glück gelingender Partnerschaft ist Liebe doch eine Grundentscheidung zum Lebensrecht eines jeden Menschen und dem respektvollen Umgang der Menschen miteinander.

Im Bedingungsgefüge konkreten Handelns sind wir allzu oft eingeengt, doch in der Grundausrichtung unseres Lebens sind wir wahlfrei – wir können uns entscheiden zu lieben.

Vielschichtig

Liebe umfasst so viel mehr als die Spanne erotisch-sexueller Lust und Verluste oder die Freuden und Sorgen partnerschaftlicher und familiärer Beziehungen.

Wahrhafte Liebe weitet den Blick auf das Sozialverhalten der Menschen und den Aufbau humaner Gesellschaft. Gerechtigkeit und Solidarität als Ausdrucksformen der Liebe werden als tragende Elemente der Gesellschaft eingefordert.

Ein harter Weg

Sich zur umfassenden Liebe entscheiden, die Würde jedes Menschen zu achten, dessen personale Selbstverfügung zu schützen, hat weitreichende Konsequenzen jenseits romantischer Gefühlsduselei und Glückseligkeit.

Der eigene Lebensstil ist zu überprüfen, ob und wo er zu Lasten der Lebensrechte Anderer geht. Die Liebe drängt zu engagiertem Mittun an der Gestaltung gesellschaftlicher, sozialer und politischer Bedingungen, die eine personale Selbstverfügung überhaupt ermöglichen.

Liebe als Grundhaltung wirkt dabei wie ein Streckenplan, zeigt den zu gehenden Weg. Diesen auch zu gehen ist dann die eigentliche Herausforderung. Denn zumeist ist es der schwerere Weg, belastet mit dem Unverständnis vieler Mitmenschen im Mainstream. Zudem stellen sich immer wieder Menschen in den Weg, die ihre Ziele auf Kosten und zu Lasten ihrer Mitmenschen anstreben.

Unmögliche Typen?

Immer wieder haben wir es mit Menschen zu tun, deren Einstellung und Verhalten wir „unmöglich" finden. Wie oft könnten wir in deren Gegenwart die Wände hochgehen.

Da hilft es, wenn wir uns bewusst ihnen gegenüber zur Liebe entscheiden.

Werden sie sich deshalb anders oder besser verhalten? Uns jedenfalls kann es dadurch leichter fallen, ihre Würde zu achten, statt sie wegen ihrer Art und ihres Verhaltens zu missachten. Vielleicht können wir so im „Unmöglichen" neue, bereichernde Einsichten entdecken.

Ohne den „unmöglichen Typen" einem Umerziehungsprogramm zu unterwerfen, setzen wir selbst Impulse für ein besseres Miteinander.

Zorn

Du bist zornig, wütend, empört?

Willkommen auf der Straße des Zorns, gehe sie Schritt für Schritt.

Gehe achtsam, spüre Deinem Zorn und seinen Wurzeln nach.

Öffne Deine Faust, lass die Wut ziehen. Betrachte die Gründe Deines Zorns, begreife die Ursachen.

Hat Etwas Dich erzürnt oder Jemand?

Unterscheide das Ärgernis von der Person, damit Du nicht versehentlich dessen Würde verletzt.

Kultiviere Deinen Zorn in Gestaltungskraft, im Feuer Deines Zornes schmiede die Pläne, das Ärgernis zu beheben.

So tritt ein in den Garten der Lebenskünste.

Herz und Verstand

„Wer mit 30 nie Sozialist war, hat kein Herz. Wer mit 40 noch Sozialist ist, hat keinen Verstand." Seit Jugendtagen begleitet mich dieser scheinbar kluge Satz, mit dem wohlwollend zur Reifung vom „Sozialromantiker" zum „wirtschaftlichen Realisten" eingeladen wird.

Auf seine alten Tage der hat einstige Chefsozialist, Sozialpragmatiker und Wahlkampftaktiker Franz Müntefering sein antikapitalistisches Unbehagen wiederentdeckt. Es tut gut zu erfahren, dass dieser Machtpolitiker doch noch ein mitfühlendes Herz hat. Welche Offenbarung hätte es werden können, hätte Müntefering die Empfindungen seines Herzens mit wachem Verstand nach-denkend reflektiert. Statt in die argumentative Mottenkiste Vor-Godesberger Programmatik zu greifen, hätte er den System begründenden Kern des Kapitalismus aufzeigen können. Es sind nicht die gewinnorientierten Unternehmer, sondern die mystische Legende vom „sich selbst vermehrenden Geld" in zirkulären Wirtschaftskreisläufen. Diese Legende und die sie stützende moneytheistische Theologie (auch Volkswirtschaft genannt) bedürfen dringend der Überprüfung mit Herz und Verstand.

Statt der märchenhaften Mastgans, „die goldene Eier legt", nachzuhecheln und sie mit Sozial- und Kulturabbau zu füttern, sollten wir unsere Denkfähigkeit nutzen, um miteinander Regeln zu vereinbaren, wie wir im Interesse und zum Wohle aller Bürger miteinander wirtschaften. Wenn sich eine der reichsten und erfolgreichsten „Wirtschaften" der Welt gegen die eigene Bevölkerung wendet und absetzt, ist solche Denkleistung mehr als überfällig.

In ihrer Tradition der Soziallehre, Gesellschaftsethik und der Zinslehre sind vor allem die monotheistischen Religionen gerufen, das sozial entfesselte Wirtschaften in seiner Pervertierung des Moneytheismus zu entlarven und alle Bestrebungen zu fördern, das Wirtschaftsleben in seinen gesellschaftlich berechtigten Zusammenhang einzubinden. Doch sie konvertierten im Zuge der Industrialisierung zu Jüngern der goldenen Mastgans.

Visionen brauchen Menschen

Wer Visionen hat, sollte zum Arzt gehen, maulte Helmut Schmidt.

Wer keine Visionen hat, möge zum Arzt gehen, empfahl Ernst Bloch.

Supervisionen schützen vor Überlastungen und Übergriffen.

Televisionen sorgen für die politisch-kulturelle Befriedung der Bevölkerung.

Visionen aber lenken den Blick auf ungelebte Möglichkeiten.

Ohne Visionen verwildert das Volk – so das Alte Testament.

Doch Visionen sind zweischneidige Schwerter. Immer wieder führen falsche Visionen Völker und Nationen in zerstörerische Abgründe. In Kreuzzüge und Heilige Kriege, ins 1000jährige Reich, GULAGS oder kapitalistische Herrschaft.

Andererseits fordern Visionen zur Humanität heraus. Die Vision der Liebe ermöglicht gleiches Lebensrecht und kulturelle Entfaltung für jeden Menschen. Sie sichert die personale Selbstverfügung des Menschen im eigenen Lebensraum. Sie garantiert die Gültigkeit und Entfaltung der Menschenrechte für jeden Bürger dieser Welt.

Erst in der Vision der Liebe werden zwischenmenschliche Ordnungen möglich als Ordnungen der Freiheit.

Stellung beziehen

Wieder und immer wieder neu fordert uns das Leben zu Stellungnahme und Aktion auf.

Mal sind es Alltags-Kleinigkeiten, mal existentielle Grundentscheidungen, meist bewegt es sich irgendwo dazwischen.

Diesen Herausforderungen können wir mit sehr unterschiedlichen Grundeinstellungen begegnen. Einstellungen, die sich durch bisherige Lebenserfahrungen und Welt-Anschauungen entwickelten. Angst, Neugier, Klein- oder Großmut, Ego- oder Altruismus, Zorn, Enttäuschung, Gleichgültigkeit – es ist immer wieder unsere Wahl. Zur Palette der Wahlmöglichkeiten gehören auch Liebe, Respekt vor des Anderen Würde, die Akzeptanz seiner Eigenständigkeit.

Fernab aller Gefühlsduselei hat die Entscheidung zur Liebe handfeste Konsequenzen.

Sie lässt nicht zu, dass Menschen in ihrer Würde verletzt oder der Würde völlig beraubt werden – weder durch uns selbst, noch durch Andere.

Sie stellt sich jeder Verdinglichung von Menschen, jeder Degradierung zum „Objekt" in den Weg. Jeglicher Reduzierung auf „Sexualobjekt", „Humankapital", „Kalkulationsfaktor", „Planungsgröße" oder dem Nützlichkeitswert verweigert sie die Zustimmung.

Den sich immer wieder entstehenden „Strukturen der Sünde", dort, wo Menschen ihren Mitmenschen „zum Wolf" werden, wo sie unzulässige Herrschaft ausüben oder beanspruchen, verweigert sich die Liebe und baut stattdessen an einer „Kultur der Menschlichkeit".

Wettbewerb

Wer Wettbewerb als das Maß des Menschen behauptet, wer den Menschen als des Menschen Wolf erklärt, nimmt das angeborene zwischenmenschliche Verhalten nicht wahr oder ignoriert es bewusst.

Sozialpsychologische Experimente mit Kleinkindern im vorsprachlichen Entwicklungsstadium belegen seit Jahren deren intuitives Solidarverhalten.

Wer dem wissenschaftlichen Brimborium misstraut, kann sich allerdings auch vom Alltagsgeschehen beeindrucken lassen.

Bei Bus- oder Bahnfahrten nehmen einander wildfremde Kleinkinder miteinander Kontakt auf, freuen sich aneinander, kommunizieren und agieren.

Erwachsene Begleitpersonen und fremde Mitreisende ziehen sie in ihr Miteinander ein.

Wie ideologisch verkorkst muss man sein, im Konkurrenzverhalten das „menschliche Maß" zu erkennen.

Nicht nur siegen – gewinnen!

Größer, schneller, weiter, reicher - immer Erster sein? Dauerwettkampf um die Dornenkrone des Lebens?

And the winner is... - schon der zweite ist Verlierer. Er verliert sein Sieger-Gesicht.

Traumatischer Gesichtsverlust - keine Kosmetik hilft.

Sieger dürfen nicht verlieren, dazu müsste man Gewinner sein.

Diese gewinnen aus Ereignissen und Entwicklungen ohne Zwang zum Sieg. Sie wachsen, kommen vorwärts, reichern ihr Leben an. Können Schwächen annehmen, kreativ ins Leben integrieren.

Win-win!

Miteinander gewinnen!

Aneinander gewinnen!

Sich einander der Gewinne freuen!

Solidarität

Zu jeder Zeit lebten, leben und werden leben Frauen und Männer, die sich der Humanisierung der Welt widmen. Nur mal angenommen, wir würden sie nicht nur bewundern, sondern mit eigenen Kräften solidarisch unterstützen.

Würde-Filter

Wurde eine sachliche, kompetente Regelung entwickelt in Politik oder Geschäft, bedarf sie vor der endgültigen Vereinbarung eines Liebes-Check, einer Würde-Folgen-Prüfung:

Nicht: Was würde diese Entscheidung für meine Karriere bedeuten?

Sondern: Welche Wirkungen haben unsere Pläne auf das Zusammenleben der Menschen? Wird die Würde oder Lebenschance irgendeines Menschen durch die beabsichtigte Regelung beeinträchtigt?

Würde ist mehr als ein Konjunktiv.

Im Tanz der Möglichkeiten und Bedingungen

Überladen mit Problemen torkelt unsere Welt durch Raum und Zeit. Jedem Problem sind mehrere Lösungsvorschläge angehängt, je nach Interessenlage einander ergänzend oder widersprechend. Welcher Möglichkeit entsprochen wird, hängt ab von den Bedingungen der Ermöglichung, für die es wiederum verschiedene Möglichkeiten gibt, die je nach Bedingung Realität werden können.

Im Tanz bedingter Möglichkeiten und ermöglichender Bedingungen treten wir uns immer wieder auf die Füße und rempeln aneinander. Hat jeder <u>seine</u> Melodie im Ohr, orientiert sich am eigenen Takt?

Haben wir die Chance, uns auf der Basis der Grundtöne symphonisch anzunähern?

Oder überlassen wir uns irgendwann jener Kraft, die beansprucht: „Jeder tanzt nach meiner Pfeife"?

Vorzeichen umkehren

Clever und klug sind die Menschen. Schon immer, seit jeher und wohl auch zukünftig. Versprechen sie sich Gewinn und Vorteil, aktivieren sie ihre Fähigkeiten – und sie tun gut damit. Um ein bestimmtes Ziel zu erreichen, sollten sie nicht mehr eigene Kräfte einsetzen als tatsächlich erforderlich. Vor allem, wenn es um schwer erneuerbare Kräfte geht.

Bei Einsatz und Verwendung fremder Kräfte für eigene Ziele ist Homo sapiens allerdings gar nicht mehr so zurückhaltend. Die Chancen, fremde Kräfte zu nutzen, führen zu neuen Überlegungen und Verhalten:

- Die eigenen Kräfte reduzieren sich auf den Aufwand zur Gewinnung und maximaler Nutzung fremder Kräfte.
- Wenig eigener Aufwand zur Beherrschung und maximalen Ausschöpfung fremder Kräfte erhöht den Gewinn.

Und so zieht sich die Spur wirtschaftlicher Beherrschung vieler Menschen durch wenige Mitmenschen durch die Geschichte. Es ist vor allem eine Blutspur vom antiken Sklavenwesen über Leibeigenschaft, vorindustrielle Manufakturen mit Verlagswesen hin zur industriellen Produktion an Fließbändern oder in chinesischen Jeansfärbe-Anlagen.

Den „Faktor Arbeit" billiger machen! Stückkostenreduzierung durch Anpassung menschlicher Arbeitsbienen an technisch-funktionale Abläufe rentabler Serien – und Massenproduktion. Komplexe Arbeitsabläufe werden zergliedert, analysiert, verfeinert und auf ihre Kostenseite untersucht.

Wie billig wird der wahre Mensch als Ware Mensch.

Ob Haare kämmen am zu pflegenden Menschen oder Auswechseln von Ersatzteilen am Auto – Listen, Richtsätze geben für einzelne Handgriffe knappe Zeiten vor. Zeit ist kostbar, zerlegt in Bruchteile werden unsere Arbeitsleistungen dem Controlling unterworfen.

Ausgefeilte Computerprogramme analysieren die Vorgänge der Leistungserbringung, berechnen selbst den Abrieb am Radiergummi und die dadurch entstehenden Kosten im Verwaltungsablauf.

Weitab vom konkreten Leistungsgeschehen liefern diese Programme den unternehmerischen Managern, den personalpolitischen und firmenstrategischen Entscheidern die Entscheidungsvorlagen im Kostensenkungswettlauf.

Doch nur einmal angenommen, wir würden der menschlichen Arbeit wieder neu ihren angestammten Wert zubilligen. Lieferten dann nicht genau diese Kostenanalyse-Programme präzise Berichte zum Wertschöpfungsbeitrag der kleinsten wirtschaftlichen Einheit – des arbeitenden Menschen?

Jeder im Produktionsablauf Tätige, jede Vertriebs-Verkaufs- und Verwaltungskraft, freie Mitarbeiter, Erwerbsabhängige und unternehmerisch Tätige –

selbst die hoffegende Hilfskraft, wer alles in der Wertschöpfungskette durch Arbeit seinen Beitrag bringt, ist in seinem individuellen Beitrag darstellbar.

Es ist eine Wertentscheidung, eine Frage des Vorzeichens, die Daten der Wertschöpfungskette als „Kosten" oder als „Leistungsbeiträge" zu definieren.

Als „Wertschöpfungsdiagnose" entstünde ein Instrument sachgerechter Entlohnung aller Beteiligten. Dem antiquierten(?) Anspruch eines Aristoteles, Thomas von Aquin, Karl Marx oder Johannes Kleinhappl (welche Koalition!) vom „gerechten Tausch der Leistungen im gesellschaftlichen Wirtschaften" kann mit moderner Datenerfassung entsprochen werden – wenn wir dieses wollen!

Die Entscheidung, Mitmenschen zum eigenen Vorteil wirtschaftlich zu beherrschen, ist nicht gottgewollt. Diese Herrschaftsform wurde kulturell – von Menschen - entwickelt.

Das Ideal des gerechten Tausches im gesellschaftlichen Wirtschaften durch den Profitvorbehalt des wirtschaftlich Mächtigeren zu ersetzen, ist eine menschliche Entscheidung – historisch gewachsen, und doch umkehrbar.

Clever und klug sind die Menschen – sie suchen ihren Gewinn und Vorteil. Haben sie einmal begriffen, wie viel mehr Gewinn ihnen aus solidarischem Verhalten zufließt, werden sie ihr Verhalten neu orientieren.

Clever und klug sind die Menschen – sie wissen um die Unterschiede erbrachter Leistungen im betrieblichen Personalverbund. Sie akzeptieren unterschiedliche Entlohnungen, wenn sie die Leistungsunterschiede widerspiegeln.

Das neue Denken greift schon Bahn,

- dort, wo die Menschen im Gemeinwohl ihren individuellen Vorteil entdecken
- dort, wo sie statt Wettbewerb die Resonanz als Gravitationsgesetz des Sozialen erfahren
- dort, wo arbeitende Menschen sich im Respekt vor den je eigenen Leistungsbeiträgen begegnen
- dort, wo Menschen sich für den Grundton „Liebe" entscheiden.

Lieben – nicht lieb sein

Liebe ist eine revolutionäre Kraft. Sie ist umwerfend. Sie verändert die Sicht auf das Leben und die Wahrnehmung dessen, was uns zum Leben wichtig ist. Sie wirft uns aus der Spur so sicher geplanten Lebens. Sie fördert die Kräfte, um der neuen Spur zu folgen. Gibt Orientierung wie durch einen neujustierten Kompass. Liebend entwickeln wir Antennen und Sensoren für das Wohlergehen dessen und derer, die wir lieben.

In der personalen Beziehung finden wir so immer wieder Wege zueinander, wo wir uns im Eigensinn verlaufen und verloren haben. Gerade dann, wenn starke Typen miteinander den gemeinsamen Weg suchen, ist die klare Ansage der je eigenen Überlegungen und Wünsche Voraussetzung für die gemeinsam zu erarbeitende Entscheidung und das Vermeiden fauler Kompromisse.

Lieb sein, Nett sein, Brav sein – jene immer wieder angestrebten Erziehungsziele und Verhaltensregeln erweisen sich als trügerische Fallen. Anpassung, Verleugnung eigener Wünsche und Ziele untergraben und verhindern die bewusste, gemeinsame Neuorientierung. Sie unterlaufen eine gemeinsam entwickelte und getragene Entscheidung, werden zum Spaltpilz der Liebe.

„Lieb sein" wird zu Komplizen unwürdiger und entwürdigender Zustände, dort, wo Gerechtigkeit,

Solidarität und Barmherzigkeit die Umgestaltung der Zustände fordert.

Wenn das Unrecht zum Himmel schreit, die umstürzende, revoltierende Kraft der Liebe gefordert ist, kehrt „Lieb sein" der Liebe den Rücken. Anpassung und Untertänigkeit werden Mittäter der Entwürdigung.

Der „liebe Gott" – zu häufig als Leitbild des „Liebseins" missbraucht - ist kein Chefkoch für Harmoniesoßen. Dieser Gott zeigt um der Liebe willen „klare Kante", verlangt deutlich Gerechtigkeit und Befreiung vom entwürdigenden Joch. Seine Propheten waren keine diplomatischen Eiertänzer, sondern Boten umstürzender Forderungen.

„Lass mein Volk ziehen" ließ Gott dem Pharao durch Moses sagen. Als der sich weigerte, kam von Jahwe kein „Dann eben nicht" und „Ich hab´s ja versucht", sondern die klare Kampfansage. Als nach Naturkatastrophen und Todesengeln das rote Meer endlich grüne Welle gab, schaltete der „liebe Gott" hinter den Israeliten die Ampel um, was die Ägypter gar nicht „lieb" fanden.

Die biblischen Erfahrungen berichten vom Zorn Gottes bei unhaltbaren gesellschaftlichen Zuständen, wenn das Unrecht zum Himmel schrie, ein Volk unterdrückt und über Gebühr belastet war.

Auch der „holde Knabe im lockigen Haar", jenes liebreizende Kind aus süßlicher Weihnachtsidylle, war alles andere als ein lauer Typ. Die von dem

Zimmermannssohn aus Nazareth geforderten und gelebten Werte der Bergpredigt waren kein Flower-Power-Wellnessprogramm. Dafür hätte ihn niemand ans Kreuz genagelt.

Sein ruhiges „der werfe den ersten Stein", sein unaufgeregtes „dem Kaiser, was der Kaisers ist", sind Positionierungen aus innerer Stärke – Kampfansagen gegen Unrecht und Liebesverweigerung.

Seine Tempelreinigung war kein Frühjahrsputz, sein Leben und Tod eine klare Botschaft:

Nicht Revolte oder Lieb sein ist die Alternative, Liebe ist die Revolution!

Im Glauben der Christen ist seine österliche Auferweckung die Unterschrift des liebenden Gottes unter dieser gelebten, umstürzenden Botschaft.

Diese Unterschrift lädt uns ein zur Nachfolge und bestätigt endgültig:

Wir sind frei – frei zu lieben!

Hülkologien

❖ Alle wollen nach „oben", wer bezeugt dann Seine Liebe nach unten?

❖ Askese des Diogenes: auch ein Weiser darf Kuchen essen. Vorausgesetzt, er gibt dabei nicht seine Freiheit auf.

❖ Wenn irgendwo ein Wille ist, steht sofort jemand im Weg.

❖ Stolz kann jeder Vater auf solche Tochter sein, bedauerlich, dass ich ihr Vater sein könnte.

❖ Mit einer geistvoll-attraktiven Frau im Guell-Park flanieren, flirten, schmusen – welch ein Gaudi.

❖ Ich habe immer mehr Träume, als die Realität mir zerstören kann.

❖ Ist es nicht paradox, wenn man den Vorhang zuzieht und doch nicht macht, was man will?

❖ Trost der Freunde: Die Welt ist voller attraktiver, geistvoller Frauen – da wird auch die für Dich dabei sein. Wahrscheinlich findet sie derzeit nur den Falschen besser.

❖ Möglichkeitsdenker wagen Ungewohntes, weil selbst das eventuelle Scheitern bereichert.

❖ Könnten wir so leben, dass unsere Träume und Wünsche neidisch werden auf unsere gelebte Realität?

❖ Wenn Harlekin zum Tanz lädt, kannst Du dann noch die Columbine?

❖ Wer erotische Strohfeuer sucht, findet stets auch eine Scheune.

❖ Verliebtheit wirkt wie ein Buschfeuer. Braucht es die Erfahrung eines langen Lebens, um das Wunder jenes Busches zu erkennen, der brennt – doch nicht verbrennt?

❖ Niemand ist auf der Welt, um so zu sein, wie andere ihn gerne hätten!

Zum Autor

Josef Hülkenberg, Dipl.-Sozialpädagoge, Jahrg. 1951, geht einen ungewöhnlichen Weg, Menschen zu ihren Visionen, gesellschaftlichen Vorstellungen oder Lösungen zu befragen und zu ermuntern.

Sein Haus in Köln hat er verkauft, den Hausrat verschenkt. Auf „Demokratie-Pilgerwegen" zog er 2007 und 2009 durch Deutschland, lädt ein zum sozialethischen Dialog und setzt unauffällig Impulse für demokratische Reflexionen und Weiterentwicklungen.

In Deutschland, der Schweiz und Österreich unterwegs mit der „denk!BAR" hält er Seminare und Vorträge, moderiert Tagungen, besucht regionale Projekte und führt Gespräche mit den Bürgern vor Ort.

Hülkenberg ist freiberuflicher Erwachsenenbildner mit dem Schwerpunkt politisch-sozialer Bildung. Er war Mitbegründer des „Regionalen Aufbruch" und bis März 2016 Mit-Koordinator der „Initiative Verfassungskonvent". Der Autor gehört zur deutschen Arbeitsgruppe des WORLD FUTURE COUNCIL. Er setzt sich seit Jahren mit den Grundfragen moderner Demokratie auseinander..

Berechtigte Empörung und Zorn müssen nicht in Wut und Hass umschlagen. Wir haben die Freiheit, uns zur Liebe zu entscheiden und die Energie der Aggression in Gestaltungskraft umzuwandeln.

Mit „Frei zu lieben" rundet der Autor seine Impulse und Reflexionen aus dem Abseits betreuten Denkens ab.

Aus Gesprächs-, Reise- und Tagungsnotizen, in eigenständiger sozialethischer Reflexion entstanden die hier vorgelegten Impulse.

Wie in seinen Seminaren zieht Hülkenberg auch als Autor den pointierten, durchdachten Impuls der umfangreichen Ausarbeitung vor. Teilnehmer wie Leser sollen ohne akademische Rückgriffe aus eigener Alltags- und Lebenserfahrung mit gesundem Menschenverstand die vorgestellten Überlegungen nachvollziehen, prüfen und eigenständig weiterentwickeln können.

Seine Erfahrungen bringt er auf den Nenner:

+* positives multiplizieren – und Leben gewinnt

www.huelkenberg.de

Vom Autor ist weiter erschienen:

Paperback

978-3-7439-2734-6

12,00 €

Hardcover

978-3-7439-2736-0

18,99 €

e-Book

978-3-7439-2735-3

5,99 €

2012
Neuauflage 2017

Abschied vom betreuten Denken

Laienapostolat auf Augenhöhe

 Wirksame Kräfte werden in Kirche, Staat und Gesellschaft vergeudet, um von den Nutznießern vorherrschender Strukturen „Reformen" zu verlangen.
Der Diplom-Sozialpädagoge Josef Hülkenberg, Jahrgang 1951, folgt der sozialphilosophischen Reflexionslogik und engagiert sich darin, Reflexionsprozesse zu fördern, durch die das zwischenmenschliche Handeln der Beteiligten neue Impulse und Ausrichtungen erfährt.

Paperback

978-3-7439-2743-8

9,99 €

Hardcover

978-3-7439-2744-5

16,99 €

e-Book

978-3-7439-2745-2

4,99 €

2012
Neuauflage 2017

Empörung allein schafft kein Gemeinwohl

 Überzeugende und verbindliche Wertkonzepte halten eine Gesellschaft zusammen. Will sie demokratische Gesellschaft sein, sollten diese Wertkonzepte und die daraus folgende Politik im breiten gesellschaftlichen Dialog entwickelt und beschlossen werden.
Für die dazu nötige demokratische Kultur engagiert sich der Dipl.-Sozialpädagoge Josef Hülkenberg. Die Reflexionen und Impulstexte laden ein zum eigenständigen Nach-Denken.

Hardcover

978-3-8491-1978-2

€ 19,00

Erschienen 2012

tredition®

Josef Hülkenberg

**Protokoll eines
vermeidbaren
Todes**

"Plötzlich und unerwartet"

Eine Formel, die nur erahnen lässt, welche Reaktionen, Ängste und Fragen ein plötzlicher, unerwarteter Tod auslöst. Die Fragwürdigkeit um diesen Tod sollten geklärt werden.

Das versprach der Witwer den Trauergästen. Es dauerte fast 10 Jahre, dass die Ergebnisse dieser Klärung vorlagen. Das Kölner Landgericht hat im Urteil vom 30. September 2009 bestätigt: **Der Tod Helga Hülkenbergs am 09. Juni 2000 war Folge grobfahrlässigen Handelns des behandelnden Internisten.**

Was damals geschah und wie es juristisch aufgearbeitet wurde, dokumentierte der Kläger im **"Protokoll eines vermeidbaren Todes"**.

Noch immer gehört eine erfolgreiche Arzthaftungsklage zu den Ausnahmen vor deutschen Gerichten.

So bietet das Protokoll auch ein Lehrstück deutscher Rechtsfindung und macht denen Mut, die auf dem Rechtsweg Gerechtigkeit suchen.

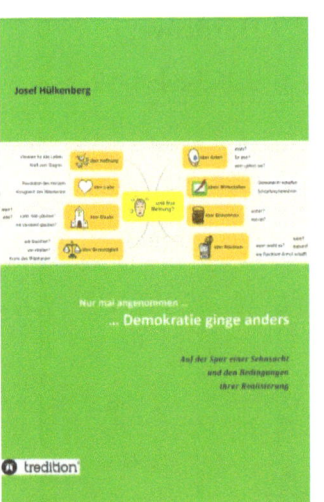

Paperback

978-3-7345-3269-6

14,99 €

Hardcover

978-3-7345-3270-2

23,99 €

e-Book

978-3-7345-3271-9

8,99 €

2015, Neuauflage 2016

Nur mal angenommen ... ... Demokratie ginge anders

Auf der Spur einer Sehnsucht und den Bedingungen ihrer Realisierung

Welche Urkraft bricht sich Bahn, wenn sich Menschen massenhaft für Volksabstimmungen, Bürgerbeteiligungen und partizipative Demokratie engagieren? Es ist eine Herausforderung an jede Demokratiereform, die Selbstregulation der Gesellschaft freier Menschen sowie den dazu förderlichen Aufbau des Staates in diesen Kompetenzen der Bürger und der dadurch ausgelösten gesellschaftlichen Dynamik zu verankern.

Mit leichter, oft humorvoller Sprache führt der Autor die Leser ein in die abenteuerliche Welt der Demokratiereform

Paperback:
978-3-7323-6861-7
€ 8,99

Hardcover:
978-3-7323-6862-4
€ 14,99

e-**Book**:
978-3-7345-3077-7
€ 4,99

2016

Der Würde wegen

Ein Zwischenbericht zur Initiative Verfassungs-
konvent
Mit Beiträgen von Ute Behrens, Hamburg,
Ralph Boes, Berlin
Dr. Hans-Jochen Gscheidmeyer, Bremen
Heiko Lietz, Schwerin

Über tredition

Der tredition Verlag wurde 2006 in Hamburg gegründet. Seitdem hat tredition Hunderte von Büchern veröffentlicht. Autoren können in wenigen leichten Schritten print-Books, e-Books und audio-Books publizieren. Der Verlag hat das Ziel, die beste und fairste Veröffentlichungsmöglichkeit für Autoren zu bieten.

tredition wurde mit der Erkenntnis gegründet, dass nur etwa jedes 200. bei Verlagen eingereichte Manuskript veröffentlicht wird. Dabei hat jedes Buch seinen Markt, also seine Leser. tredition sorgt dafür, dass für jedes Buch die Leserschaft auch erreicht wird

Autoren können das einzigartige Literatur-Netzwerk von tredition nutzen. Hier bieten zahlreiche Literatur-Partner (das sind Lektoren, Übersetzer, Hörbuchsprecher und Illustratoren) ihre Dienstleistung an, um Manuskripte zu verbessern oder die Vielfalt zu erhöhen. Autoren vereinbaren unabhängig von tredition mit Literatur-Partnern die Konditionen ihrer Zusammenarbeit und können gemeinsam am Erfolg des Buches partizipieren.

Das gesamte Verlagsprogramm von tredition ist bei allen stationären Buchhandlungen und Online-Buchhändlern wie z. B. Amazon erhältlich. e-Books stehen bei den führenden Online-Portalen (z. B. iBook-Store von Apple) zum Verkauf.

Seit 2009 bietet tredition sein Verlagskonzept auch als sogenanntes "White-Label" an. Das bedeutet, dass andere Personen oder Institutionen risikofrei und unkompliziert selbst zum Herausgeber von Bücher und Buchreihen unter eigener Marke werden können.

Mittlerweile zählen zahlreiche renommierte Unternehmen, Zeitschriften-, Zeitungs- und Buchverlage, Universitäten, Forschungseinrichtungen, Unternehmensberatungen zu den Kunden von tredition. Unter www.tredition-corporate.de bietet tredition vielfältige weitere Verlagsleistungen speziell für Geschäftskunden an.

tredition wurde mit mehreren Innovationspreisen ausgezeichnet, u. a. Webfuture Award und Innovationspreis der Buch-Digitale.

tredition ist Mitglied im Börsenverein des Deutschen Buchhandels.

Zeitfracht Medien GmbH
Ferdinand-Jühlke-Straße 7
99095 Erfurt, Deutschland
produktsicherheit@kolibri360.de